PILAR DOMÍNGUEZ TOSCANO

CANCIONES
A PIE DE CAMA
(PARA UNA HIJA QUE DUERME)

WANCEULEN
Editorial

WANCEULEN
Poética

©Copyright: Pilar Domínguez Toscano
©Copyright: De la presente Edición, Año 2018 WANCEULEN EDITORIAL

Título: CANCIONES A PIE DE CAMA
(PARA UNA HIJA QUE DUERME)
Autora: PILAR DOMÍNGUEZ TOSCANO

Editorial: WANCEULEN EDITORIAL
Sello Editorial: WANCEULEN POÉTICA

ISBN Papel: 978-84-9993-880-6
ISBN Ebook: 978-84-9993-881-3

DEPÓSITO LEGAL: SE 1356-2018

Impreso en España. 2018.

WANCEULEN S.L. C/ Cristo del Desamparo y Abandono, 56 - 41006 Sevilla
Webs: www.wanceuleneditorial.com y www.wanceulen.com
Email: info@wanceuleneditorial.com

Dedicatoria

A todas las madres y padres que tienen un hijo
en situación límite.
Para que no pierdan nunca la esperanza.

SALA DE ESPERA DE LA UCI

Pasa el Tren de los Heridos

ocupando un poema de Miguel Hernández

que recuerdo en mi disputada butaca.

En la sala de espera, se colapsa el tiempo

minutos de plomo nos fusilan quedamente,

a fregar vienen, una y otra vez, las salpicaduras

que la sombra deja en las paredes.

Segunda hora de intervención.

Jamás podré arrancarme de la piel

el olor a lejía de los hospitales.

Se interrumpen las conversaciones: un teléfono

llama desde quirófano a los familiares.

Como una piedra en la garganta se aprieta

el llanto contenido. Todo se comprime:

sólo tendré un beso contraído para tu frente,

la caricia que se borra en tu mano

cada mañana. Sexta hora de intervención.

Suena el teléfono.

Familiares que se levantan precipitadamente.

Dime que regresarás

porque han de regresar a las palabras

sus significados, el olor de lluvia

a este otoño vacío. Octava hora.

Suena el teléfono. Por fin tu nombre…

Todo saldrá bien, hija, todo saldrá bien.

Testimonio de este tiempo quedará

sólo una página arrancada en tu diario.

MADEJAS

Desmadejo palabras para, con su grafía, tricotar-
te una colcha cálida, una caricia permanente
que te rodee cuando cruces la madrugada.

Desguazo versos y, con su garabato,
hilo algo pequeño y confortable, puede ser
una flor, una mascota o una mirada.

Destejo mi nombre letra a letra, para convertir
su laxa escritura en un susurro de pan
no sé, algo dulce e imperceptible
que te devuelva a la vida, hija mía.

Rompa la noche carcelaria.

Dios mío: abrazo su ausencia. Y camino
por una extensión sembrada de pájaros vencidos,
entre arrozales negros, dictando al viento
palabras enfermas.

 Con un golpe homicida en las alas,
  con una cuchillada, caminar
   porque caminar es nuestra sustancia.
  Al hombro, un alma de plomo
   pero silbando una canción.

Y te llamo: Dios mío,
porque los huérfanos llaman en la noche,
esta noche pétrea e irrespirable
donde se abrazan todas las madres del mundo,
aquéllas que vieron a sus hijos debatirse
con las alas pegadas al asfalto ardiente.
Esas mujeres tienen la sangre fiera
son lobos implacables contra la muerte,
conocen sus cepos, entre ellos descalzas
caminan. No les importa sufrir
  no les importa suplicar

Pierden batallas, pero no perderán la guerra.
Porque, ante la muerte, el amor
tiene la última palabra.

Crucé con Munch aquel puente.
Las costuras rojizas del dolor
se desnudaron sin dignidad.
Escuálidas figuras, arrebatadas de todo
atravesaban su atardecer, perseguidas
por la extrema crudeza de una pincelada.
Quería llevarle a mi hija
las últimas flores del verano
pero en la senda crecía un árbol voraz de viento
que dispersaba las letras, antes de ser pronunciadas
dejando a los pies de su cama
la ensordecedora mudez del El Grito.
Munch, mientras, alborotaba el pelo de una puta
desolada en algún bar de Oslo.
No hubo para él ventanas
que se abrieran a tiempo. Desquiciado
de cordura, pinta con la desesperación
de quien no puede enloquecer.

Desde que duermes, hija,
he habitado todos los cuadros de Munch,
de Ensor, de Nolde,
he saltado con ellos la alambrada

que separa la luz y su reverso.

Qué bermellón es la tarde, qué amarillo el puente.

Prefiere el vértigo tonalidades festivas.

Edvard me empuja a que lance ese grito

paralizado en su cuadro. Pero,

velando tu delgado cuerpo,

le digo que no. Que mi voz no tiene ya

más oficio

      que una nana.

Madre: Tú sabes lo que es esto.

Esta maraña de trenes enloquecidos

atropellando la mañana,

este campo de manos impares

hacia un cielo de estrellas prometidas,

estas botas vacías de soldado

donde crecen banderas blancas.

Madre: si Tú la acariciaras...

Tras la puerta de la UCI

sólo puedo arropar su imagen

en una foto, sentir los brazos

inútiles, entre cáscaras de versos

inútil el calor de la palabra.

Sabes que somos ese perro que avanza

de noche por la carretera.

Frente a él, viaja la muerte

con las luces apagadas.

Madre, mi niña duerme.

Si Tú la acariciaras...

EN QUIRÓFANO

Primera hora de intervención.
El dolor es un caballo sin piel
removiéndose en las zarzas,
un zarpazo en los ojos más niños,
esta espada que respiran
todos los poros del alma.
Tercera hora de intervención.
El dolor es un estilete creciendo
dentro de mi árbol de sangre,
una manta sombría de buitres cubriendo
de hospitales negros la mañana.
Quinta hora de intervención.
El dolor es un disparo que gira
sin detenerse, dentro del cuerpo, el reloj
que afila su hacha brutal
sobre la cinta del horizonte.
Séptima hora de intervención.
Sala de espera de la UCI.
Ocupamos este vagón los rehenes del miedo
sin saber que viajamos, quizá para siempre,
en un tren incendiado.

Que sea este verso, hija, un látigo de sol
un acto de furia contra la poesía.

Es cierto que tiene la tristeza prestigio literario
que la derrota cotiza en la Bolsa lírica,
pero ésta ha de ser una canción de cuna:
acarrear el rumor extenso de las aves libres,
el eco alegre, atronador, de pasajeros
resonando en andenes vacíos: ninguno desertará
de esta batalla por tu vida. Ni se admiten
ungüentos melancólicos: pájaros de tierra son
que sólo tierra conocen; la voz les huele a raíces;
sueñan fango. No habrá más concesión al llanto
que el filo de una palabra
                            para decir
-como Miguel Hernández-, "aún tengo la vida".
La mía, ya medio usada.
La tuya, casi intacta todavía.
Que sea este verso, hija, un látigo de sol
los faros de un coche haciendo ráfagas
en la noche: que te despierten
                            que enciendan tu osadía.

Toda tú eres brote de vida
dormida en la brisa de septiembre,
como una niña repentinamente extraviada
en las playas del otoño, transportas
las frases silenciadas que pueblan
en cielo de tu boca.
Te traeré cada día un ramillete
de palabras sin estrenar, poemas encontrados
en la hojarasca. Traeré tus canciones
preferidas y un corazón entre dos manos.
Y volverá tu mirada a serenar el viento
a apaciguar animales oscuros, a desenredar
encrucijadas. Volverás a impulsar
mi tiempo detenido
con tu diario cesto de frutos con bosque.

No tengo manos suficientes para construir-
te una caricia respirable,
que sea como la niebla en un día cálido
Que te envuelva, niña mía.
Y te sane.

He buscado en los arcones de mi madre
algún vestido de primer baile, o una diadema
antigua para tu pelo.

Me asomé al presente desde el brocal
de la memoria para descubrirte la belleza
de las hojas secas y los libros amarillentos.
Pero la belleza que hoy busco para tu pelo
es verde y brillante, como la hiedra en marzo,
verde y brillante, llena de savia.

Desoigo informes de estado crítico.
Ignoro pronósticos de gravedad extrema.
Nada es cierto salvo tu sonrisa.
Nunca ocurrirá a la inversa, hija, nunca:
porque has de ser tú, tú quien venga
a cerrarme los ojos.

Amar, pequeña, a veces
es sostener un océano de incertidumbre
en cada mano. A diario desayunar
sombras presentidas, agua agria,
pronósticos reservados.
Amar, pequeña, a veces
es encajar el impacto de esos aviones
incendiados contra el pecho.
Y hacerlo de pie. Cantando.
Amar, pequeña, a veces
es no tener nada que te cure
pero permanecer junto a la cama
recolocando tu pelo, alisando las sábanas.
Te llevan de nuevo a quirófano.
No puedo entrar en la sala
donde se libra tu combate
cuerpo a cuerpo por la vida.
Ante la puerta, me ovillo y me acurruco.

Canto una nana.

ELOÍ, ELOÍ ¿LAMA SABAJTANÍ?

Alguien me dijo: ven conmigo,
te mostraré una cosa.
Para las madres huérfanas de hijo
hay lugares especiales: un vertedero
donde depositar los abrazos que caducaron
en desuso. Un acantilado donde comprobar
el eterno retorno de un mar acogedor.
Las playas de vidrios rotos para manos
descalzas, persiguiendo un recuerdo
evasivo y amado.
Cuando ya nada se puede hacer
está la Cruz. Y la última duda.
Tu última duda: Eloí, Eloí
¿lama sabajtani?.
No te ofendas si se quiebra
mi fe. Por un momento, también Tú
te sentiste abandonado.

Una mujer lejana

espera. Su silencio es una ventisca

de cuchillas en la garganta.

Una mujer lejana lleva a cuestas un circo

de payasos pobres, elefantes encadenados,

leones ardiendo y acróbatas mecánicos.

Nada como un circo interior para burlar

el dolor ante el espejo.

Una mujer lejana transporta versos

en su maleta. Con ellos intenta tapar

la gotera que lacera su casa,

acallar el aterrador golpeteo

de puertas en la noche, frenar

ese disparo a bocajarro

en la frente del mañana.

Ronda hospitales y se detiene

siempre en las puertas de la UCI.

Otra es la que entra, sonriendo, llevándote

su diario ramillete de cárceles abiertas,

los gritos salvajes de animales libres

con los que compuso una nana.

No importa si no oyes, no importa si callas.

Persistirá en su canción y, cuando la echen,

en la distancia te acariciará, como una mujer

lejana. No entiende

no quiere entender

otro lenguaje que el de la esperanza.

NOTICIAS DE HOY

Las grúas amarillas del puerto, graznando
con chirridos de gaviota huidiza
pueblan su escenario de ajetreo matinal.
Un niño ha pisado un charco creyendo
que pisaba el arcoiris, y le cuenta a su madre,
totalmente crédula, su fabulosa hazaña.
En la ciudad de Sevilla, 700.000 personas
toman café con otras noticias: catástrofes,
delitos, vaivenes de la bolsa.
Yo te traigo sólo las importantes:
que, en nuestro jardín, la higuera cubre
de hojarasca el cuerpo inerte del verano;
que el valle, con voz de Río Grande,
llama por tu nombre a cada tarde,
deletrea tu risa entre arrozales soleados,
pregunta por qué enmudece nuestra casa.
Pregunta por qué todo duerme de pronto,
y una bailarina rota
atraviesa el cielo helado de septiembre.

Se han desatado los perros de la noche.

Ahora, un ejército de muñecas mudas

han trizado todos los vasos de la casa,

muestran a la luz la puerta de salida.

Desde entonces, subo y bajo

escaleras de incendio

de tu edificio cerrado, dejando

flores manchadas en cada rendija.

Para que, cuando despiertes, las veas.

Recuerdes que te amaron.

Se te dibuje una sonrisa.

Regresan los grillos a la noche
y el campo a sus aromas.
Regresarán los navíos extraviados, las cartas
sin destino, los fugitivos. Regresarán
junto a esta hoguera donde nos calentamos,
arde en ella, vencida, la página
donde se escribió un sombrío augurio.
Regresarán todos a tus manos de niña,
a picotear los arvejones de tu palabra intacta
como palomas condenadas que se rebelan;
los desertores, los exiliados: regresarán todos,
porque sólo tú conoces el secreto
de la muerte reversible.

Todos esos caballos ciegos que, entre camas
hospitalarias, pacen el tiempo no concedido,
ésa y cualquier otra sórdida imagen
no son más que metáforas.
A veces, también deseamos ocupar un poema
en alguna página arrancada, jugar
con baraja marcada este póker
cotidiano y terrible. Lo deseamos cuando
las hélices de un diagnóstico cercenan
voces de niños a su paso.
La escritura no extiende sobre la piel
pócimas balsámicas, más bien entrega dagas
para una lucha inesquivable,
sin historia ni héroes,
con la vida cuerpo a cuerpo.
Escribir es escalar un cortante arrecife
por colocar al término una frágil
pero luminosa bandera.
La poesía no será nunca
un acto de cobardía.

Déjame compartir tu sueño,
eres aún joven para viajar sola
por la geografía subterránea del mundo.
Sobre la superficie, sólo me queda avanzar
por un lodazal infinito, millares de yeguas encinta
en él se hunden lentamente; sólo me queda tragar
un largo hilo de cobre, ahuyentar las sombras
que pacen tu esperanza. Eres, niña mía,
un alud de versos por escribir, un astro
de lenguaje impronunciable que aprenderé
para cuando caminemos juntas.
Déjame compartir tu sueño.
No estoy en ningún lugar ahora.
Déjame ocupar el mismo recinto
que habitas, y dormir mientas duermas.
Tal vez, despertar.
Sólo contigo.

Todo el aire que respiro

es el día en que regreses;

su luz incendia el árbol de mi sangre,

su agua nutre las raíces del viento.

El día en que regreses

naceremos juntas,

como cometas escapadas.

Lo celebran ya los calendarios,

tu parra, la higuera y el huerto;

tu cuarto recién pintado, cortinas

nuevas: todo está preparado.

Para cuando regreses, pequeña,

para que regreses.

LA VOZ DEL AGUA

Una mujer repentinamente anciana
para a los transeúntes en las aceras,
les pregunta dónde está el refugio
para peces abisales, les narra memorias
de ahogados que no saben que murieron
y siguen braceando hacia la orilla.
Dice que es el único testigo
cuando los ángeles se emborrachan
en tabernas de puerto abandonado.
Cuenta que todos los pozos conocen su nombre
y lo susurran con voz amiga. La gente
ríe o huye. Ella insiste: manadas de felinos
hambrientos estrechan el cerco hacia la cuna,
y las madres enloquecerán de dolor
bordeando un mar que es su destino.
Le dan prozac, haloperidol, valium
y alcohol a veces. Pero ella escapa
y recorre las calles, deja en los bares
notas escritas a Dios
: búscame como la niebla me busca,
pero encuéntrame antes que ella.
Estoy en los intersticios.

Las primeras castañeras elevan
sus penachos de humo azul
junto al hospital. En mantas
sobre la acera, multicolores pañuelos,
gafas de sol: es el tráfico
ínfimo e imparable del día,
pastelerías estratégicas y aceitunas
a granel. Dentro, en el silencio
acristalado, las alarmas de los respiradores
recuerdan qué frágil es el hilo de la vida.
Fuera, los gorrillas, vendedores de lotería,
traficantes de mínimos consuelos...
En la magia del chalaneo cotidiano
consiste también su crueldad: pase
lo que pase, nada lo detiene.

A esta cuna anciana sobre el pecho
vienen a picotear las gaviotas.
Nadar en la ciénaga me ha dejado
escuálidos los brazos y enlentecido
el caminar. Como un navío que atraca
en puertos nocturnos, vengo a verte.
Contigo duerme todo futuro.
En esa crisálida mecánica, las máquinas
que te hacen respirar desatan
a veces las alarmas. A látigo
me sabe el paladar cuando pregunto.
Pero la hora de las visitas
ha terminado.
Volveré mañana.

Nunca faltes, pequeña mía,
a nuestra cita diaria.

Desde el 3 de septiembre, una mujer oficia
en catedrales invertidas un ritual inesperado.
Rebusca entre la basura sus sueños antiguos,
las nanas que oyó de niña. Pide recomponer
con ellas los añicos de este otoño
que el viento esparce. Tú, de cristal, hija mía,
copa frágil que rueda en el oleaje, a merced
de la corriente, como una cáscara de nuez.
Junto a las caracolas, algún día
revelarás tu protegido secreto, romperás
ese voto de silencio: recompondrás
estos añicos que el viento esparce.

Me cantarás a solas una nana.

Aunque tu cuerpo hubiera de permanecer atrapado,
desata tus aves, las que siempre contuvo tu mirada,
desata los osos blancos que pueblan tu regazo,
desata el ramo de globos de colores
que se escapa cada vez que abres los ojos.

Desata los colores del mundo, hija.
Sin ti, todo es un periódico atrasado.

Mira lo que te traigo hoy.

Nuestro paisaje, comprimido; movedizas nubes

encapsuladas, el mar contraído en su palabra.

Es todo cuanto cabe en mis bolsillos,

que vuelco cuando no miran las enfermeras.

No me quedan más poemas

que acariciar tu mano delgada.

Cinco disputados minutos y una vida

es cuanto traigo para darte.

No veo las cuchillas
que los ángeles terribles ocultan en la arena.
No siento la hierba amarga
que mastico lentamente.
No veo los perros enfurecidos
en el camino a nuestra casa,
ni la muchedumbre de enfermos
disputándose el último minuto.
No veo el ruego en sus rostros
ni la impotencia de sus manos
ateridas. Sólo puedo ver:
Unidad de Cuidados Intensivos.
Módulo A. Box 7.

… Y tu tenue sonrisa.

Tienes árboles frutales en las manos

y una jungla repleta de cálaos azules. Lo sé,

lo he visto en tus ojos que miran

sólo hacia adentro. Hay un remanso de poemas

sin palabras donde todos ven una muñeca

de porcelana en la vitrina de la UCI.

He cambiado por cálida oscuridad

todo lenguaje; en bazares sumergidos conseguí

una lámpara interior para ojos cerrados.

He canjeado dibujos, viejos cuadros y mi historia

por calzado ligero, por ser diminuta y volátil,

brisa que refresque tu fiebre. Así,

desasida de todo, acunarte

en algún lugar del sueño.

Déjame entrar en ese recinto que ahora habitas

y retornar luego a casa juntas, si es posible.

Si no, déjame abrazarte

como se abrazan dos pájaros

atrapados para siempre en la tormenta.

PENÉLOPE

Sólo tengo una oración y la noche.
Y un amanecer: volverás a casa.
Ya los sabuesos ceden su presa,
olvidan la senda hasta tu cama.
Los náufragos que fuimos
pueblan islas benignas. Se llena
el océano de botellas con mensaje.

Igual que hoy, ese día me encontrarás
tejiendo un manto de esperanza.

Aprendí a reconocerlos. Parecen

insectos pero quizá no lo sean.

Se alimentan del sueño de quienes

duermen en la UCI. Se cuelan

por sondas y catéteres, burlan

la asepsia.
                  He sentido

su aliento en mi nuca, el roce

de sus patas en la espalda

mientras te abrazaba

como si te protegiera.

Pero de pronto huyen, huyen

vociferando, se desvanecen

por los resquicios. Te miro.

Es que has despertado.

Hoy me regalas vestigios
de todo cuanto amamos,
los mansos arrozales, sus flamencos,
el ancho humedal abierto
como la mirada de un niño,
canto nuclear de la marisma.
Hoy los trenes se detienen
sólo en estaciones soleadas,
y palomas limpias picotean migajas
de luz en los andenes.
En todos los parques
nace una flor con tu nombre
y los versos encuentran su destino
en festines de gorriones.
Te estoy arropando con la mañana
esta colcha de primavera tibia
en mitad de septiembre. Y de nuevo
verás amanecer por vez primera,
pronunciarás palabras tanto tiempo
sometidas, tu mirada otra vez sobre las cosas
anunciará que alcanzan su sentido.
Hoy me regalas
un bosque de mariposas claras. Hoy

has abierto los ojos.

Pequeña: cinco caballos corriendo por la playa infinita,

mientras las sombras se deslizan hacia sus sumideros.

Oigo una algarabía unánime de jilgueros:

está llegando el día.

Deja, hija mía, que pasen los mensajeros.

Traen noticias de primaveras próximas,

el mañana instalándose en tus manos

aún de niebla, manadas de potros

veloces reescribiendo tu nombre

en el libro de la vida.

Será un segundo parto y una segunda

canción de cuna. Aprender de nuevo

a andar, practicar chi kún, redescubrir

el mundo o bailar salsa.

Deja, hija, que pasen los mensajeros.

Éstos serán, niña mía, los últimos versos
que te escribo.
                    No como Neruda,
por despecho. Sino porque la poesía
ya cumplió su función: nos acompañó,
alentó y dio claridad. Ahora
escribiremos con tardes de sol,
con abrazos en la lluvia
o cocinando golosinas.

Guardemos los papeles ya.

Le toca el turno a la vida.

ÍNDICE